Sternlein in der Himmels-Werkstatt

Verse und Bilder von Lore Hummel

Engelbert Dessart Verlag · Bad Aibling
ISBN 3-920215-48-6

Einmal saß Sternlein auf der Treppe vor dem großen Himmelstor. Es schaute den tanzenden Schneeflocken zu und sang Weihnachtslieder, weil es hoffte, daß jemand im Himmel vielleicht den Gesang hören und fragen würde, ob es die Himmelswerkstatt sehen wolle, denn seit langem war dies sein sehnlichster Wunsch. Das Sternlein hieß Nicki, und der Abendstern war sein Großvater. Der hätte freilich ganz einfach an das goldene Tor anklopfen und sagen können: „Hier ist mein Enkel Nicki, der so gerne einmal eure Werkstatt sehen möchte." Aber der Großvater war nicht hier. Er ging gerade über der Erde auf, weil er der erste am Abendhimmel sein mußte.

„Schlaa-haat in himmlischer Ruu-huu", sang das Sternlein, als der Postengel auf der Straße der Weihnachtsengel dahertrödelte. Es eilte ihm kein bißchen, obwohl er genau wußte, daß man im Himmelspostamt schon lange auf die vielen Wunschzettel und Briefe wartete, die er in der Tasche trug.
Als der Postengel das Sternlein sitzen sah, nahm er seine blaue Mütze vom Kopf und winkte ihm damit. Nicki hörte auf zu singen. „Blauer-Mützen-Engel", rief er, „darf ich mit dir kommen? Ich möchte so gerne eure Werkstatt sehen und die Backstube und ..." „Komm nur!" lachte der Engel. Nicki hob einen Brief auf, der gerade aus der Posttasche gefallen war.

Dann läuteten sie an der großen Glocke. Es wurde geöffnet, und die beiden traten ein.

Sie kamen in eine Halle, die war so groß, wie eben nur die Himmelshalle sein kann. An der Decke hingen blaue, rote und grüne Kugeln, und goldene Glitzersterne funkelten dazwischen. Gleich hinter dem Tor standen drei neugierige Engel, die sehen wollten, wer da kommt. Einer von ihnen war schokoladenbraun, hatte schwarze Locken, die wie Schäfchenwolle aussahen, und trug einen bunten Turban auf dem Kopf. Der andere mit dem schwarzen Zopf und dem gelben Gesicht war ein Chinesenengel. Der dritte hatte blonde Locken. Er streckte Nicki zur Begrüßung gleich beide Hände entgegen.

Inzwischen waren noch mehr Engelein hereingekommen. Eines von ihnen hatte eine Laterne bei sich. Als es hörte, daß das Sternlein die Himmelswerkstatt sehen wollte, zündete es die Laterne gleich an, um zu leuchten, obwohl es sowieso schon so hell war. „Komm mit", rief der Laternenengel und hakte sich bei Nicki ein. Sie gingen über eine kleine Wolkenbrücke zur Bäckerei, die der größte Raum der Himmelswerkstatt war, denn nicht nur alle Kinder wünschen sich zum Weihnachtsabend neben ihren Spielsachen einen Teller mit Leckereien, auch Väter, Mütter, Omas und Opas, Tanten und Onkel mögen diese Dinge gern.

Als der Laternenengel die Türe öffnete, strömte ihnen ein feiner Duft von Zimtsternen, Makronen und Pfefferkuchen entgegen. Nicki schnupperte wie ein kleiner Hase, denn in den Sternenstraßen am Abendhimmel roch es nie so süß.

Das erste, was unser Sternlein in der Backstube sah, war der große behäbige Kachelofen, der in der Ecke stand. Auch in ihm wurde noch gebacken, denn die elektrischen Backöfen reichten in der Weihnachtszeit nicht aus. Dieser Kachelofen gefiel Nicki gleich am besten. Er war so schön dick und warm und grün, daß man sich einfach zu ihm setzen mußte. Das Sternlein sah nun den Backengelein bei der Arbeit zu. Eines rührte den Teig, und immer, wenn niemand herschaute, schleckte es davon. Ein anderes glasierte dicke, braune Honiglebkuchen, und der Küchenmeisterengel paßte auf, daß nichts verbrannte. Nicki durfte von den goldgelben Plätzchen versuchen, die gerade aus dem Ofen kamen, und dann selbst ein Blech mit Teig belegen. Es gefiel ihm prima in der Bäckerei. Nur die Zeit verging viel zu schnell. Zum Abschied bekamen Nicki, der Blaue-Mützen-Engel und der Laternenengel jeder noch einen Zimtstern zu versuchen.

Dann ging es weiter zur Spielzeugwerkstatt. Dort wurde gehämmert, gesägt, geklopft und geleimt. Hubschrauber, Flugzeuge, Raketen, ja sogar ganze Autobahnen wurden angefertigt, und ein Kasperl probierte aus, ob man mit dem Leiterwagen auch fahren kann.

Noch nie hatte das Sternlein so viele schöne Dinge gesehen. Es durfte alles in die Hand nehmen. Eine Spieldose, die „Stille Nacht, heilige Nacht" spielen konnte, gefiel ihm am besten. Am liebsten hätte Nicki sie gar nicht mehr hergegeben. Er brauchte es auch nicht, denn ein Englein mit grünem Ringelpulli, das gerade Räder an der Holzeisenbahn befestigte, schenkte sie ihm. Nicki freute sich sehr. Er stellte sich die erstaunten Gesichter der anderen Sterne vor, wenn er ihnen morgen das schöne Weihnachtslied vorspielen würde.

Soeben kam der Mohrenengel vorbei. Er hatte eine frisch lackierte Puppenwiege unter dem Arm, die er zur Nähstube hinüberbrachte. Dort waren sehr viele Engelein damit beschäftigt, Puppenkleidchen, Höschen und Jäckchen zu nähen, zu sticken, Mützchen zu stricken und zu häkeln. Überall lagen kleine Strümpfe, Schuhe und Hüte herum, und dazwischen lag ein Kasperle, das auf seine neue Zipfelmütze wartete.

Der Mohrenengel stellte die Wiege auf den Boden. Dann kamen Kissen und Decken hinein und zuletzt ein allerliebstes Puppenbaby. Unser Sternlein lief indessen in der Nähstube herum und sah zu, wie gearbeitet wurde. Ein rothaariger Engel lachte es an. Er saß in der Ecke und klebte eine kleine Krone zusammen. ,,Ach, wenn ich das auch könnte'', seufzte das Sternlein. ,,Probier's doch'', meinte der Engel, und Nicki bekam Goldpapier, eine Schere und Klebstoff. Bald war er so in die Arbeit vertieft, daß seine Bäckchen glühten. Er schnitt Zacken aus, große und kleine, klebte sie zusammen und siehe da – die Krone war fertig. ,,Das hast du aber fein gemacht'', lobten alle. Der Engel mit den roten Haaren fragte: ,,Möchtest du einen Rauschgoldengel basteln? Wenn er schön wird, kannst du ihn mit nach Hause nehmen.'' ,,Oh ja!'' jubelte Nicki. Der Laternenengel brachte Knetwachs für den Kopf, buntes Papier und Engelshaar. Nicki werkelte nun mit großem Eifer. Ihr hättet sehen sollen, was für ein schöner Rauschgoldengel das wurde. Sogar eine Trompete zum Blasen bekam er in die Hand. Jeder bewunderte Nickis Arbeit, und er war so glücklich, daß er in der Nähstube herumtanzte.

Der Blaue-Mützen-Engel, der überall und nirgends zu finden war, kam herein: ,,Komm Nicki, ich zeige dir unsere Himmelspost.'' ,,Fein'', rief das Sternlein, ,,aber ich muß mich zuerst noch bei allen bedanken, die mir beim Basteln geholfen haben.''

Sie gingen nun wieder über eine Wolkenbrücke und kamen an ein Tor, auf dem ,,Postamt'' geschrieben stand. Drinnen saß der Weihnachtsmann an seinem Schreibtisch. Er telefonierte gerade. Schachteln, Pakete, große und kleine Päckchen wurden verschnürt, die Adressen aufgeklebt und ein Stempel draufgedrückt.

Als der Weihnachtsmann aufhörte zu telefonieren, winkte er das Sternlein zu sich. ,,Das ist ja der kleine Nicki, der Enkel vom Abendstern!'' Er sah sich den Rauschgoldengel an und lobte ihn sehr. ,,Na, Nicki, möchtest du in unserem Weihnachtsschlitten mit zur Erde fahren?'' Und ob unser Sternlein mochte! ,,Gerne, lieber Weihnachtsmann'', rief es außer sich vor Freude, und dann dachte es: ,,Vielleicht kann ich meinen Engel und die Spieldose der kleinen kranken Andrea bringen, der ich immer zuzwinkere, wenn sie abends von ihrem Bettchen aus zu mir heraufsieht. Sicher freut sie sich über die Geschenke. Ob die anderen Sterne die Spieldose nun sehen können oder nicht, ist nicht so wichtig.''

23

Der Blaue-Mützen-Engel ging nun mit ihm in den Wolkenhof, wo schon der goldene Schlitten stand. Die Postengelein waren eifrig damit beschäftigt, ihn vollzupacken, und immer, wenn man meinte, es ginge nichts mehr hinein, ging doch noch etwas hinein. Als alles untergebracht war, wurden sechs Schimmel angespannt. Sie sausten abwärts über die Milchstraße, an der Sternenwiese vorbei und durch unzählige Wolkenstraßen. Die Engelein hatten Nicki in die Mitte genommen und hielten ihn fest, damit er nicht hinausfallen konnte.

Sie landeten draußen vor der Stadt. Die Weihnachtsengel stiegen aus, nahmen die Pakete aus dem Schlitten, und jeder flog in eine andere Richtung.

Der Blaue-Mützen-Engel war natürlich auch da. Er führte das Sternlein zu dem Haus, in welchem die kranke Andrea wohnte. Der Rauschgoldengel wurde behutsam in den Schnee gestellt und die Spieldose daneben. Nicki läutete. Dann liefen beide weg und versteckten sich. Die Mutter des kleinen Mädchens kam heraus. Als sie die Geschenke erblickte, rief sie: „Andrea, sieh nur, was dir das Christkind gebracht hat!" Rasch nahm sie den Rauschgoldengel und die Spieldose und lief ins Haus.

Die beiden in ihrem Versteck lachten sich zu. Aus dem Zimmer hörte man den Jubel des kranken Kindes, und Nicki sagte: „So ein schönes Weihnachtsfest habe ich noch nie erlebt. Ich muß den anderen Sternen davon erzählen."